愤 怒

[英] 亚尼内·阿莫斯 / 著　　[英] 格温·格林 / 绘　　贾洪宝 / 译

伊恩的故事

伊恩花了很长时间,终于把最后一个拼块也插好了,这是他装过的最好的模型了。

这时，弟弟蒂姆走了过来。
"看我的太空运输车模型！"伊恩骄傲地说。
"真棒！"蒂姆说，"你踢足球时我可以玩一会儿吗？"
可是伊恩不想让蒂姆碰他的车。
"让他玩会儿吧，别那么小气！"妈妈在客厅里说。
"你能保证不把它摔坏吗？"伊恩问。
蒂姆答应："我能保证。"

踢球时输了比赛,伊恩的心情很不好。回到家,他换下球衣就去找插好的太空运输车。这时,蒂姆和朋友贾斯廷正在拼插模型。

伊恩看看桌子,他的太空运输车不见了。
"我的模型呢?"他问。
但是蒂姆和贾斯廷正在忙着,没注意伊恩的问话。
伊恩走到蒂姆跟前。"我的太空运输车呢?"他又大声地问。
"我们要做一架风车。"蒂姆说。
"你们把我的模型拆了?"伊恩吼道。

伊恩踢了一脚,"咚"的一声,玩具撞到了墙上。接着,伊恩又打了蒂姆一拳。蒂姆倒在地上大哭起来。

"我讨厌你!"伊恩叫着。

妈妈听到哭闹声冲了进来,把伊恩从蒂姆跟前拉开了,叫他们不要打架。

"冷静点儿!"妈妈说。
"就不!"伊恩尖叫着,"他弄坏了我的模型!"
"上楼,马上!"妈妈命令他说。
伊恩跑进自己的房间,"砰"的一声关上门。他全身都在颤抖,感到肺都要气炸了,倒在床上,大哭起来。

妈妈走进来，挨着他坐下。
"走开！"伊恩哭着说，"你总是护着蒂姆。"
"不是这样的。"妈妈平静地说。
终于，伊恩不再发抖了，也止住了哭声。

"现在感觉好些了吗?"妈妈问。

伊恩点了点头。

"伊恩,你的模型是很棒,"妈妈说,"难怪你生这么大的气。"

"我刚才弄伤了蒂姆。"伊恩低声说。

"没有,你没有。"妈妈说,"那是你的错觉,蒂姆现在好好的。"

"我讨厌发怒,"伊恩说,"那太可怕了。"

"是的。"妈妈说,"你不该恨蒂姆,你可以告诉他你有多么生气,也可以请他帮你再做一个模型。"

　　过了几天,伊恩又做了一个新太空运输车模型。做好以后,他小心翼翼地把它放在桌上。

　　蒂姆望着他说:"对不起,我上次弄坏了你的模型,让你很生气。不过,这辆车更棒!"

　　伊恩看了看新车,对蒂姆说:"我当时做得也不对。现在,我们一起来玩吧!"

你曾像伊恩那样发过怒吗?你曾气得想要揍别人吗?你可能会尖叫、发抖,会觉得愤怒占据了全身,快要控制不住自己了。如果是这样,你应该先让自己平静下来。

如果有人惹你发怒了,你应该让他们知道你为什么会生气,而不是失去理智地吵闹。大吵大闹可能会吓坏你自己,也会让你事后感到很后悔。

愤怒并不是一种不好的情绪，每个人都会有手足无措的时候，但是发怒的方式有许多种，最好不要像伊恩那样强烈地表达出来。如果你感到很难控制自己的情绪，就去向信任的人寻求帮助吧。

吉安的故事

这天,学校开运动会。五十米赛跑马上就要开始了,吉安站在起跑线上,向爸爸和弟弟皮普挥了挥手。她又看了看起跑线上的其他女孩,她们大都显得很紧张,只有琳恩轻松地笑着。

"预备!"发令员叫道。哨子一响,比赛开始了。吉安第一个冲了出去,她感觉到了跑鞋下柔软的青草,也听到了人们的助威声,她努力跑啊跑,认为自己一定能赢。

吉安已经离终点线不远了,她知道自己跑在所有参赛者的最前面。突然,她摔倒了!她立刻爬起来接着跑,可是,琳恩已经超了过去,比她先到了终点。

吉安简直不敢相信自己输了。
人们围了上来。"琳恩，真棒！吉安的运气真不好。"他们说。
吉安跑开了。

吉安朝着弟弟和爸爸跑了过去。
"我们吃饭吧!"弟弟皮普说。可吉安什么也不想吃。
"你一定渴了吧。"爸爸说着,给吉安倒了一杯橘汁。
吉安接过橘汁,扔到了草地上,跺着脚走远了。

吉安望着她的朋友和家长们,他们大多在吃饭,每个人好像都很开心。

一会儿,爸爸走过来,挨着她坐下。"还生气吗?"他问。

吉安点点头。

"好了,我想你不该再发脾气了,"爸爸说,"你已经错过了午饭,难道想整个下午都不开心吗?"

"可我忍不住。"吉安说。

"你可以试试。"爸爸说着,搂了搂她。

"我不喜欢失败。"吉安说。

"我也一样。"爸爸说,"失败了是很可惜,但要努力做一个坚强的失败者。"

因不小心跌倒而输了比赛，吉安很生自己的气，这既没能使她感觉好些，又影响到了周围的人。当你也有吉安这样的心情时，请记住：每个人都可能会失误，不可能总是胜利者，要学会做一个坚强的失败者。

保罗的故事

保罗和妈妈来到了火车站,他们要去卡特姨妈家,这是保罗第一次坐火车。

妈妈说:"在火车上,你可以坐临窗的座位,我们还可以吃午饭。"

"太棒了!"保罗兴奋地说。

车站里人来人往,非常拥挤。

"保罗,跟在我身边,"妈妈说,"我们得去下一个站台。"妈妈拿着他们的行李箱,快步走下台阶,保罗在后面紧紧跟着。就在这时,有一大群人从对面走过来。

"妈妈,等等我!"保罗高喊着,但他看到的都是人们的胳膊、腿和箱子,怎么也看不见妈妈。

"糟糕,我找不到妈妈了!"保罗心想。

保罗站在那儿,不知道该怎么办。最后,他决定待在原地等妈妈。

他在那里等了很长时间,开始着急了。

"但愿我们不要错过这趟火车……"他想,"也许妈妈一个人上车了……"

保罗听见有人叫他的名字,扭头一看——妈妈正向他跑来,她看上去很不高兴。

"我告诉你要紧跟着我!"妈妈大声说,"你别再走丢了!"

保罗的眼里充满了泪水,脸也红了。

"快点儿,我们要赶不上火车了。"妈妈一边说一边紧紧拉着保罗的胳膊。

保罗挣开她的手。"我不走!"他大叫着,"别理我!"

保罗发脾气了。

他生气地把夹克扔到了地上。"是你把我弄丢的！都是你的错！"他对着妈妈尖叫，"你走得那么快！"

周围的人都停下来盯着他们看。保罗觉得很委屈，他哭了起来。

正在这时,广播里播出了即将发车的通知。
"听着,"妈妈说,"是我们那趟车!"
妈妈抓着保罗的胳膊,他们尽可能快地跑着,一起冲上了几个台阶,总算赶上了火车。

当他们坐下时,保罗已不再生气了,他感觉非常累。
"我们可以吃午饭了吗?"妈妈问他。但保罗觉得不太舒服,他蜷缩在座位上。

"对不起,我刚才冲你发火了。"妈妈说,"那不是你的错,是我没抓好你。"

"我也要道歉。"保罗说,"找不着你的时候,我非常生气。"

"我也很生气,"妈妈说,"所以,就冲你发火了。"

"对不起。"保罗说。

"我也是。"妈妈笑了。

想一想

保罗的妈妈又气又急，这就是她会发火的原因。保罗并不是故意跑开的，所以当妈妈冲他发火时他觉得很委屈，于是也大发脾气。但发脾气是无济于事的，这令他们都很烦躁，差点儿没赶上火车。

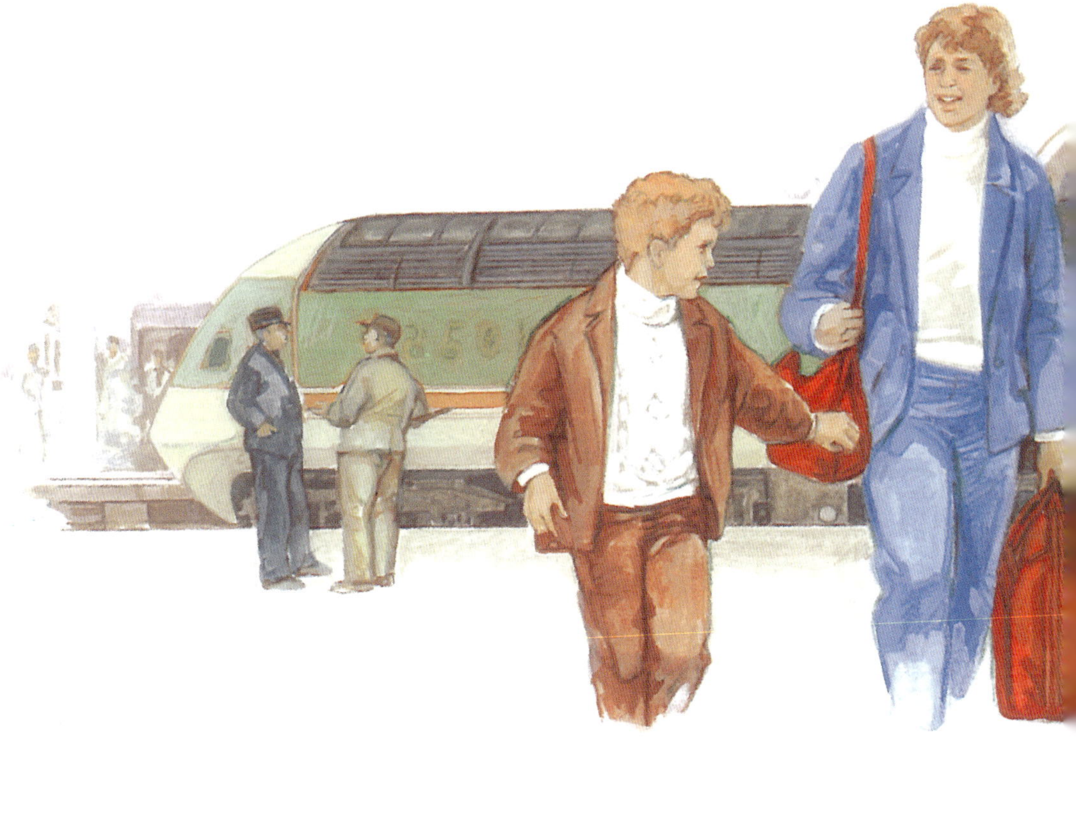

向对方道歉是结束争吵的好办法，这表明你已经不再生气，想要和好。保罗和妈妈沟通之后，彼此的心情都好起来了。

　　故事中，伊恩、吉安和保罗因为不同的缘故而发怒——伊恩生气是因为他做的模型被弄坏了，吉安生气是因为自己有了失误，保罗生气是因为妈妈错怪了他。他们以不同的方式表达愤怒，然而这并没能让他们的心情好起来。当你生气、心情不好时，可以与你所信任的大人聊一聊，这种倾诉会对你很有帮助。

图书在版编目（CIP）数据

愤怒/（英）阿莫斯著；贾洪宝译. — 北京：知识产权出版社，2016.1

（我能管好自己）书名原文：Angry

ISBN 978-7-5130-3314-5

I. ①愤… II. ①阿… ②贾… III. ①品德教育 — 儿童教育 — 家庭教育 IV. ① G78

中国版本图书馆 CIP 数据核字 (2015) 第 013380 号

First published in the United Kingdom by Cherrytree Books,1990
Copyright©Evans Brothers Ltd.
This edition published under licence from Pila Books Limited.
This edition is only available for sale in Mainland China.

责任编辑：李　潇　　　　　　　责任校对：董志英
装帧设计：于　静　　　　　　　责任出版：刘译文

我能管好自己 [20]

愤　怒

[英] 亚尼内·阿莫斯 著　　[英] 格温·格林 绘

贾洪宝 译

出版发行：知识产权出版社 有限责任公司	网　　址：http://www.ipph.cn
社　　址：北京市海淀区马甸南村 1 号	邮　　编：100088
责编电话：010-82000860 转 8133	责编邮箱：elixiao@sina.com
发行电话：010-82000860 转 8101/8102	发行传真：010-82000893/82005070/82000270
印　　刷：北京中科印刷有限公司	经　　销：各大网上书店、新华书店及相关专业书店
开　　本：787mm×1092mm　1/16	字　　数：40 千字
版　　次：2016 年 1 月第 1 版	印　　张：2
ISBN 978-7-5130-3314-5	印　　次：2016 年 1 月第 1 次印刷
京权图字：01-2015-0592	定　　价：9.00 元

出版权专有　侵权必究

如有印装质量问题，本社负责调换。